Kleine Calwer
Kinderbibel

ILLUSTRIERT VON KINDERN FÜR KINDER

TEXT UND IDEE
Christian Butt

Bibeltext auf S. 62 aus: Lutherbibel, revidierter Text 1984, durchgesehene Ausgabe in neuer Rechtschreibung © 1999 Deutsche Bibelgesellschaft, Stuttgart.
Alle übrigen Texte sind freie Nacherzählungen der Bibelstellen durch Christian Butt.

ISBN 978-3-7668-4170-4

© 2013 Calwer Verlag GmbH Bücher und Medien, Stuttgart
Alle Rechte vorbehalten. Wiedergabe, auch auszugsweise, nur mit Genehmigung des Verlags.
Satz und Herstellung: Karin Class, Calwer Verlag
Umschlaggestaltung: www.atelier-anne-rieken.de
Druck: studiodruck GmbH, Nürtingen-Raidwangen

Email: info@calwer.com
Internet: www.calwer.com

Inhalt

Altes Testament 5

Die Erschaffung der Welt 6
Die Arche Noah 16
Der Turmbau zu Babel 24
Abraham 28
Jakob und Esau 34
Josef und seine Brüder 40
Mose 48
David 58
Der Herr ist mein Hirte 62
Jona 64

Neues Testament 71

Jesu Geburt 72
Der zwölfjährige Jesus im Tempel 78
Jesu Taufe 82
Jesus und seine Jünger 86
Jesus und die Kinder 90
Jesus und der Gelähmte 92

Jesus tut Wunder – Die Sturmstillung............. 96
Der verlorene Sohn 100
Zachäus 108
Jesus zieht in Jerusalem ein..................... 114
Jesus und seine Jünger essen das letzte Abendmahl .. 116
Jesus wird gefangen genommen und verurteilt 118
Jesu Tod und Auferstehung 124
Jesus erscheint zwei Jüngern in Emmaus.......... 130
Jesu Himmelfahrt und das Pfingstfest 134
Paulus 138

Die Künstler.................................. 144

Altes Testament

Die Erschaffung der Welt

Am Anfang schuf Gott
Himmel und Erde.

Die Erde war in tiefe
Dunkelheit gehüllt.

Alles war wüst und leer.
Vollkommene Finsternis.

Da sagte Gott: „Es werde Licht!"
Und es wurde licht und hell.

Gott nannte das Licht „Tag".
Und Gott nannte die Finsternis
„Nacht".

Gott fand, dass das gut war.
Dies war der erste Tag der Welt.

Dann machte Gott den Himmel.
Er schuf das blaue Himmelszelt.
Er machte Wolken und Regen.
Die Erde war mit Wasser bedeckt.
Gott fand, dass es gut war.
Das war der zweite Tag.

Und Gott sprach:
„Unter dem weiten Himmelsbogen sammle sich
das Wasser an besonderen Orten.
Es soll auch Orte geben, die trocken bleiben."
Die trockenen Orte nannte Gott „Erde",
die Sammlungen des Wassers „Meer".
Gott fand, dass es gut war.
Weiter sagte Gott:
„Die Erde soll sich füllen mit Gräsern, Kräutern
und Bäumen. Alles soll voller Blumen, Büsche und
Früchte sein." So geschah es.
Und Gott sah alles an und fand, dass es so gut war.
Das war der dritte Tag.

Dann sagte Gott:
„Das Himmelszelt soll am Tag und in der Nacht
von Lichtern erhellt sein."
Und so geschah es.
Gott machte die Sonne für den Tag.
Und für die Nacht erschuf er den Mond.
Ihm gab er die Sterne zur Seite.
Hell strahlten sie am Himmelszelt.
Gott fand, dass es gut war.
Das war der vierte Tag.

Weiter sagte Gott:
„Das Meer soll voller Fische sein
und von Leben wimmeln."
Und so schuf Gott vom großen Wal bis zum kleinsten
Krebs die unterschiedlichsten Meeresbewohner.
„Und die Lüfte sollen voller Vögel sausen und
brausen", sagte Gott.
Und so surrte es in den Lüften voller Vögel,
vom großen Storch und dem majestätischen Adler
bis hin zum Zaunkönig und zum Spatz.
Gott fand, dass es gut war.
Das war der fünfte Tag.

Danach sagte Gott:
„Auch auf dem Land soll es voller Leben und voller Tiere sein." So schuf er die großen Landtiere: Elefanten und Giraffen, auch die Löwen, Tiger und Wölfe.
Aber auch die kleinen Erdtiere, die Igel, Eichhörnchen und Schildkröten. Die Käfer, Insekten, Spinnen und Würmer. Die Erde war erfüllt mit Krabbeln und Kriechen, Laufen, Springen und Hüpfen.
Gott fand, dass es gut war.

Nun aber sagte Gott:
„Jetzt will ich Menschen machen,
Menschen, die mir gleich sind.
Menschen, die für alles, was ich geschaffen habe,
gut sorgen, für die Fische und Vögel, die Landtiere
und auch die Würmer."
Und so schuf Gott die Menschen,
er schuf sie als Mann und Frau.
Er segnete sie und gab ihnen den Auftrag:
„Bewohnt die ganze Erde mit euren Nachkommen
und sorgt für sie."
Und Gott fand, dass es sehr gut war.
Das war der sechste Tag.

So hat Gott sein Werk vollendet.

Am siebten Tag ruhte er von all seinem Tun aus.
„Dieser Tag ist wichtig", sagte Gott, „er soll für alle
Menschen immer ein Ruhetag sein.
An diesem Tag dürfen sie ausruhen und
sich freuen.
Sie sollen sich daran erinnern, wem sie ihr Leben
und alles Leben auf der Welt zu verdanken haben."

So hat Gott am Anfang der Zeiten Himmel und Erde
geschaffen.

1. Mose / Genesis 1–2,4

Die Arche Noah

Nachdem Gott die Menschen geschaffen hatte, bevölkerten sie die Erde.

Doch die Menschen vertrugen sich untereinander nicht. Sie stritten und schlugen sich und taten Böses. Da bereute Gott, dass er die Menschen gemacht hatte.

Er beschloss, einen großen Regen zu schicken: die Sintflut. Alles sollte überschwemmt werden. Nur Noah und seine Familie sollten am Leben bleiben. Noah war der einzige, der Gutes tat und an Gott dachte.

So sprach Gott zu Noah:
„Noah, baue ein großes Schiff für dich und deine Familie, eine Arche. Aber pass auf, auch für alle Tiere sollst du Platz haben! Sie sollen mit auf das Schiff."

Da begann Noah und baute mit der Hilfe seiner
drei Söhne die Arche.

Es wurde ein riesengroßer Kasten aus Tannenholz.
Darin gab es genug Platz für alle Tiere.
Noah brachte von allen Tieren je ein Paar, ein
Weibchen und ein Männchen, auf das Schiff: von
den Vögeln bis zu den Würmern, vom großen
Elefant bis hin zur kleinen Maus.

Als Noahs Familie, alle Tiere und alle Vorräte an
Bord waren, ging die Sintflut los.
Es regnete und regnete – ohne Unterbrechung,
vierzig Tage und vierzig Nächte lang.
Das Wasser nahm überhand auf der Erde, die
Arche fing an zu schwimmen und allmählich
verschwanden selbst die hohen Berge. Dunkel,
stürmisch und voller Wasser war die Erde.

Nach vierzig Tagen ließ Gott den Regen enden.
Langsam sank das Wasser wieder. Schließlich
strandete die Arche auf einem hohen Berg.

Da öffnete Noah die Dachluke und
ließ einen Raben fliegen.
Er wollte sehen, ob das Wasser schon von der Erde
verschwunden war. Doch der Rabe fand keinen
Platz zum Landen. Die Erde war noch voller Wasser.

Später schickte Noah eine Taube los.
Doch sie kam ebenfalls erfolglos wieder zurück.

Sieben Tage später ließ Noah die Taube noch
einmal fliegen. Diesmal kam sie mit einem Blatt
im Schnabel wieder, das sie von einem Ölbaum
abgebrochen hatte. Da wusste Noah, dass wieder
Bäume aus dem Wasser herausschauten.

Nach weiteren sieben Tagen flog die Taube los und
kam nicht mehr zurück.
Es gab war nun wieder trockenes Land auf der
Erde.

Da sagte Gott zu Noah: „Ihr könnt nun alle aus der Arche gehen!"

Und Gott gab Noah und seiner Familie das Versprechen:

„Ich werde nie wieder eine Sintflut auf die Erde schicken. Dafür gebe ich euch ein Zeichen: den Regenbogen.
Jeder Regenbogen erinnert an meine Zusage, dass ich es gut mit euch Menschen meine.
Auf Regen folgt Sonnenschein, auf Winter Sommer und auf die Nacht der Tag. So soll es immer bleiben. Daran erinnert euch der Regenbogen."

1. Mose / Genesis 6,9–9,17

Der Turmbau zu Babel

Noah hatte viele Nachkommen. Einige von ihnen zogen nach Osten und gründeten dort eine kleine Stadt. Sie sprachen alle nur eine Sprache. Es gab keine unterschiedlichen Sprachen, so wie es heute ist.

Da kamen ein paar von ihnen auf eine Idee:
„Wir wollen eine besondere Stadt sein und etwas haben, was keine andere Stadt hat. Los, kommt! Lasst uns einen Turm bauen, der bis zum Himmel reicht! Der soll der Mittelpunkt unserer Stadt und unserer Gemeinschaft sein."
So bauten die Stadtbewohner von Babel einen Turm. Mit viel Mut und Fleiß bauten sie ihn bis fast in den Himmel!

Da schaute Gott sich den Turm an und war voller Sorge.
„Die Menschen haben vor nichts mehr Respekt. Sie wollen so mächtig sein wie ich und kennen keine Grenzen mehr", dachte er bei sich.

Da verwirrte Gott die Sprache der Menschen. Keiner verstand den anderen mehr! Sie sprachen ganz unterschiedliche Sprachen. Ein Chaos entstand.

So endete der Turmbau zu Babel. Die Menschen konnten an ihrer Stadt nicht weiterbauen. Sie gingen fort und zerstreuten sich über die ganze Erde.

1. Mose / Genesis 11,1–9

Abraham

Die Menschen lebten nun weit verstreut auf der Erde. Unter ihnen war auch ein Mann namens Abraham. Er lebte mit seiner Frau Sara in Haran. Abraham und Sara waren schon alt und hatten keine Kinder.

Eines Tages sprach Gott zu Abraham:
„Abraham, gehe fort von hier", so sagte Gott.
„Mache dich mit Sara auf den Weg. Ich will dir ein neues Land zeigen und dir ein neues Zuhause geben. Ich will dich zu einem großen Volk machen. Und ich will dich segnen.
Auf allen deinen Wegen will ich mit dir sein."

Abraham tat, was Gott ihm gesagt hatte.
Er packte seine Sachen, sattelte seinen Esel und machte sich mit Sara auf den Weg. Eine lange Reise lag vor ihnen. Der Weg war mühsam und weit.

Schließlich kamen sie ins Land Kanaan.
Dort sagte Gott zu Abraham: „Hier, dieses Land will ich dir und deinen Nachkommen geben."
Abraham antwortete: „Welchen Nachkommen? Ich habe doch kein einziges Kind!"
Aber als die Sonne unterging, führte Gott Abraham aus dem Zelt und sagte zu ihm: „Sieh hinauf zum Himmel und zähle die Sterne! So viele Sterne, wie du siehst, so viele Nachkommen sollst du haben."

Und Abraham glaubte Gottes Zusage.
Er vertraute ihm.

Doch Sara glaubte Gottes Zusage nicht. Sie musste lachen. „Ich bin doch schon viel zu alt, ich kann gar keine Kinder mehr bekommen", dachte Sara.

Und doch bekam sie nach einem Jahr einen Sohn, den sie Isaak nannte. Der Name bedeutet: „Gott lächelt zu".

Immer wenn Sara Isaak anschaute, erinnerte sie sich an Gottes Zusage und dachte: „Gott hat seine Versprechen gehalten!" Sie war überglücklich über ihren Sohn.

aus 1. Mose / Genesis 12–21

Jakob und Esau

Als Isaak erwachsen war, nahm er Rebekka zur Frau. Die beiden bekamen Zwillinge, Esau und Jakob. Esau kam zuerst auf die Welt. Er hatte rötliche Haare. Seine Haut war rau, wie ein Fell. Esau wurde ein Jäger. Er jagte oft ein gutes Stück Wild, um es seinem Vater Isaak zu bringen. Denn Isaak aß Wild für sein Leben gern. Esau war Isaaks Liebling.
Jakob war überhaupt nicht wild. Er war am liebsten bei seiner Mutter bei den Zelten. Er hütete die Schafe. Jakob war Rebekkas Liebling.
Eines Tages, als Isaak alt und blind geworden war, rief er seinen älteren Sohn, seinen Lieblingssohn Esau, zu sich. Er sagte: „Esau, jage mir ein Böckchen und bereite es mir so zu, wie ich es gerne esse. Ich bin alt und will mich noch einmal stärken, bevor ich dir meinen Segen gebe." Voller Eifer ging Esau sofort auf die Jagd.
Doch Rebekka hatte gelauscht und die Worte Isaaks gehört. Sie wollte, dass ihr Lieblingssohn, Jakob, den Segen erhielt, und rief ihn schnell zu sich: „Jakob, dein Vater will Esau den Segen geben. Ich habe aber eine Idee, wie wir das verhindern können. Los, hole zwei Böckchen von der Weide und lass uns einen guten Braten daraus machen. So kann Isaak ihn essen und dann *dich* segnen."

Doch Jakob wandte ein: „Ich habe aber ganz glatte Haut und Esau ist rau. Der Vater wird den Betrug merken."
„Tu, was ich sage", antwortete Rebekka, „ich sorge schon für alles."

Rebekka holte die Festkleider von Esau, während Jakob die Böckchen besorgte. Er zog die Kleider an, das Fell der Böckchen wickelte sich Jakob um die Arme. So zurechtgemacht ging er zu seinem Vater.

Jakob trat ganz nah an seinen blinden Vater heran und sagte: „Hier bin ich, dein Sohn Esau. Ich bringe dir die Böckchen, die du so gerne magst."

Doch Isaak antwortete: „Wie kannst du so schnell das Wild gejagt haben? Komm, lass dich anfassen." Nachdem Isaak ihn betastet hatte, sagte er: „Deine Stimme ist die von Jakob, aber deine Hände sind die von Esau. Bist du es auch wirklich, Esau?"
„Ja, Vater", log Jakob. Da aß Isaak den Braten.

Danach legte Isaak die Hände auf den Kopf von Jakob und sprach den Segen: „Gottes Segen ruhe auf dir. Deine Länder seien voll vom Tau des Himmels und deine Erde sei fruchtbar. Und du sollst der Herr sein, dein Bruder aber der Knecht."

Mit diesem Segen ging Jakob schnell fort.

Als aber Esau mit seiner Beute nach Hause kam und von seinem Vater den Betrug erfuhr, wurde er zornig. Er schrie: „Das soll Jakob bereuen!"
Und er nahm sich vor, Jakob zu töten.
Doch Jakob war längst zu Verwandten in ein fernes Land geflohen.
Nach vielen Jahren kehrte Jakob nach Kanaan zurück. Die beiden Brüder versöhnten sich.

aus 1. Mose / Genesis 25–33

Josef und seine Brüder

Jakob bekam zwölf Söhne. Mit ihnen lebte er im Land Kanaan. Einen Sohn hatte Jakob besonders gern: Josef.
Jakob bevorzugte Josef. Er schenkte ihm ein besonders schönes und buntes Gewand. Josef freute sich. Doch Josefs Brüder waren darauf sehr neidisch.
Gemeinsam hüteten die Brüder Schafe. Wenn die Brüder dabei Unsinn machten, erzählte Josef alles Jakob. Das machte die Brüder wütend auf Josef. Außerdem hatte Josef besondere Träume. Er erzählte den Brüdern: „Hört, was ich geträumt habe: Wir banden Garben bei der Ernte auf dem Feld. Meine Garbe richtete sich auf. Eure Garben verneigten sich vor meiner. Und dann habe ich geträumt: Die Sonne, der Mond und elf Sterne verbeugten sich vor mir!" Als die Brüder diese Träume hörten, wurden sie noch wütender auf Josef. „Du meinst wohl, du seist etwas Besseres!", riefen sie.
Die Brüder berieten sich und beschlossen: „Josef muss weg!"

Und als Josef eines Tages zu den Schafen kam,
ergriffen sie ihn, zogen ihm das schöne Gewand aus
und warfen ihn in einen tiefen Brunnen.
Da näherte sich eine Karawane mit Kaufleuten.
Die Brüder verkauften Josef als Sklaven an die
Kaufleute. Diese nahmen Josef mit nach Ägypten.

Das schöne bunte Gewand von Josef tauchten die
Brüder in das Blut eines Ziegenbocks und brachten
es ihrem Vater Jakob. Sie sagten: „Ein wildes Tier hat
Josef gefressen." Jakob konnte es kaum glauben. Er
war sehr traurig über den Tod seines liebsten Sohnes.

In Ägypten wurde Josef Sklave bei einem Beamten des Pharao. So nannten sie in Ägypten den König. Josef arbeitete gut. Alles, was er tat, gelang ihm, denn Gott war mit ihm. Der Beamte war sehr zufrieden mit Josef. Aber seine Frau erzählte schlechte Dinge über Josef, die gar nicht stimmten. Doch keiner glaubte ihm, dass er unschuldig war. So wurde Josef ins Gefängnis geworfen!

Der Pharao hatte eines Nachts rätselhafte Träume, die er nicht verstand. Er träumte: Aus dem Fluss Nil steigen sieben schöne, fette Kühe. Ihnen folgen sieben hässliche und magere Kühe. Die mageren Kühe fressen die fetten Kühe auf!

Der Pharao machte sich Sorgen. Er rief alle weisen Leute seines Landes herbei, aber keiner konnte ihm den Traum deuten. Da fiel dem Mundschenk des Pharao Josef ein. Er hatte einmal im Gefängnis gesessen und Josef hatte ihm dort einen Traum gedeutet. Sogleich berichtete er dem Pharao von Josef und dieser befahl: „Bringt Josef zu mir!"

Als der Pharao Josef seinen Traum erzählt hatte, sagte Josef: „In den Träumen spricht Gott mit dir, erhabener Pharao. Er teilt dir mit, was er mit dir und mit Ägypten vorhat: Die sieben fetten Kühe bedeuten, dass es sieben gute Jahre geben wird, in denen in Ägypten reichlich Getreide wachsen wird.

Die sieben mageren Kühe bedeuten sieben schlechte Jahre. In diesen schweren Jahren wird sich kein einziges Korn am Halm finden. – Nun musst du handeln. Sammle in den guten Jahren Getreide. Bringe es in die Vorratshäuser. So kannst du es in den schlechten Jahren verteilen und alle haben genug zu essen."
Die Rede gefiel dem Pharao gut und er sagte zu Josef: „Gott hat dir das alles mitgeteilt. Keiner ist so klug wie du. Deswegen setze ich dich an die Spitze meines Landes. Es soll alles so geschehen, wie du gesagt hast."

So kamen die sieben guten Jahre, in denen die Ägypter in Hülle und Fülle lebten und viel Getreide sammelten. Dann folgten die sieben schlechten Jahre. Es wuchs kein Korn am Halm, so wie Josef es vorausgesagt hatte. Aber die Menschen konnten gut von den Vorräten leben.
Auch in den anderen Ländern wuchs kein Korn. Dort herrschte Hunger. Viele Menschen kamen nach Ägypten. Sie hatten gehört, dass es dort Getreide geben sollte. Auch die Brüder von Josef machten sich auf den Weg. Sie wollten in Ägypten Korn kaufen.

In Ägypten trafen sie auf Josef, der das Getreide verteilte. Doch die Brüder erkannten Josef nicht. Da gab sich Josef zu erkennen und sagte zu ihnen: „Ich bin es, euer Bruder, Josef!"
Die Brüder erschraken. Sie dachten: „Jetzt wird Josef sich rächen!" Doch Josef versprach: „Ihr braucht keine Angst zu haben. Ich bin euch nicht mehr böse. Gott hat alle Wege zum Guten geführt. Holt unseren Vater Jakob hierher. Wir wollen alle in Ägypten wohnen. Hier bin ich mächtig und reich geworden und kann euch versorgen."

aus 1. Mose / Genesis 37–50

Mose

Die Nachkommen von Josef und seinen Brüdern wurden zu einem großen Volk, den Israeliten. Sie blieben in Ägypten. Sie wohnten und lebten dort gern. Doch dann kam ein neuer Pharao an die Macht. Er kannte Josef nicht mehr und mochte die Israeliten nicht. Er hatte Angst, dass sie zu viele würden und die Macht im Land übernähmen. Deshalb zwang der Pharao die Israeliten, Städte zu erbauen. Durch diese harte Arbeit wollte er die Israeliten kleinkriegen.

Damit die Israeliten nicht noch zahlreicher würden, erließ der Pharao einen Befehl: Alle neugeborenen Söhne der Israeliten sollten getötet werden. Die Israeliten wollten das nicht. Sie versuchten, ihre Babys zu retten. Sie halfen sich mit verschiedenen Tricks.

So versteckte eine Israelitin ihr Baby im Schilf des Flusses Nil. Sie legte ihren Sohn in ein Kästlein aus Schilfrohr.

Als die Tochter des Pharao gerade an dieser Stelle baden ging, entdeckte sie das Baby. „Was ist das? Ein kleiner Junge liegt hier", rief sie.
Sie hatte Mitleid mit dem Baby. Sie wollte es behalten und großziehen.
Die Schwester des kleinen Jungen beobachtete das Ganze. Sie bot der edlen Tochter an, eine Mutter zu holen, die das kleine Baby stillen könnte. So holte sie die Mutter des Jungen. Die bekam auf den Befehl der Pharaostochter hin das Baby, ihren eigenen Sohn, in Pflege.
Als er größer war, brachte sie ihn zur Tochter des Pharao. Diese nannte ihn Mose. Das bedeutet: „Ich habe dich aus dem Wasser gezogen."

Als Mose ein erwachsener Mann war, hütete er Schafe. Eines Tages erschien ihm Gott in einem brennenden Dornbusch.
Gott gab ihm einen Auftrag: „Mose, ich sehe die schwere Bedrückung der Israeliten. Du sollst ihr Anführer sein und sie aus Ägypten herausführen!"
Da ging Mose zum Pharao und bat ihn, die Israeliten aus Ägypten ziehen zu lassen. Doch der Pharao lehnte ab. Im Gegenteil, er verlangte von den Israeliten noch mehr Arbeit! Aber Mose ließ

nicht locker. Die Verhandlungen gingen hin und her. Gott stand Mose bei. Er sandte den Ägyptern Plagen, die den Pharao zum Einlenken bringen sollten: Alles Wasser verwandelte sich in Blut, die Luft war voller Mücken, das Vieh bekam schlimme Krankheiten und Heuschrecken fraßen die ganze Ernte kahl. Neun Plagen befielen die Ägypter, doch der Pharao gab nicht nach.
Schließlich geschah das Allerschlimmste: In jeder Familie der Ägypter starb der älteste Sohn, auch der Sohn des Pharao. Da gab der Pharao endlich nach und ließ die Israeliten ziehen.

Die Israeliten machten sich über Nacht in Eile
auf den Weg, bevor der Pharao es sich anders
überlegen konnte. Gott führte das Volk. Er zog
tagsüber in einer Wolkensäule und nachts in einer
Feuersäule vor ihnen her.

Doch kaum, dass die Israeliten aus Ägypten zogen,
überlegte es sich der Pharao anders. Er wollte die
Israeliten doch nicht gehen lassen.
Er ließ seine besten Pferde anspannen, nahm seine
stärksten Soldaten und verfolgte die Israeliten.
Er versuchte, sie einzuholen.
Die Israeliten waren bereits am Schilfmeer
angekommen. Sie konnten nicht weiter. Da sahen
sie, dass der Pharao mit seinen Soldaten auf sie
zukam! Voller Angst schrien sie laut zu Gott – und
Gott half. Er befahl Mose: „Hebe deinen Stab über
das Meer und teile das Meer damit. Das Wasser
wird zu deiner Linken und zu deiner Rechten wie
eine Mauer stehen. Du wirst mit deinem Volk
trockenen Fußes hindurchziehen."
Und genau so geschah es.
Als die Israeliten nun fast am anderen Ufer
angekommen waren, sahen sie, wie der Pharao mit
seinen Reitern sie beinahe eingeholt hatte.

Wieder bekamen sie große Angst. Doch Gott sagte zu Mose: „Strecke noch einmal deinen Stab aus, dann werden die Mauern des Wassers zusammenfallen. Euch wird nichts geschehen." Und genau so geschah es.
Die Israeliten kamen heil ans rettende Ufer. Der Pharao und seine Soldaten jedoch gingen in den Wasserfluten unter.
Die Israeliten waren endlich frei.

Der folgende Weg führte die Israeliten vierzig Jahre lang durch die Wüste. Viele Schwierigkeiten erlebten sie in dieser Zeit. Bald waren ihre Vorräte aufgebraucht und sie litten Hunger und Durst. Da sehnten sie sich nach Ägypten zurück. „In Ägypten hatten wir wenigstens etwas zu essen", sagten sie. Doch Gott sah die Not der Israeliten und versorgte sie mit allem, was sie brauchten.

Nach einiger Zeit kamen sie an den Fuß des Berges Sinai. Dort bauten die Israeliten ein Lager auf. Mose stieg allein auf den Berg hinauf.

Auf dem Berg redete Gott mit Mose. Er nannte ihm zehn Gebote. Mose schrieb sie auf steinerne Tafeln.

Die Gebote heißen:

1. Ich bin dein Gott. Diene keinen anderen Göttern. Und mache dir kein Bild von mir.
2. Benutze meinen Namen nicht achtlos.
3. Halte den Ruhetag ein.
4. Ehre deine Eltern.
5. Töte nicht.
6. Brich nicht die Ehe.
7. Stehle nicht.
8. Lüge nicht.
9. und 10. Sei nicht neidisch auf die Dinge anderer und auf alles, was anderen Menschen gehört.

Mose überbrachte den Israeliten die Gebote. Sie versprachen: „Wir wollen alles tun, was Gott sagt." So schloss Gott mit den Israeliten einen Bund. Er versprach: „Ihr seid mein geliebtes Volk und ich bin euer Gott!"
Dann stieg Mose noch einmal auf den Berg Sinai. Doch während Mose auf dem Berg Sinai war, bauten die Israeliten unten ein Kalb aus Gold. Das wollten sie anbeten. „So haben wir Gott in unserer Mitte", riefen sie.
Als Mose mit den Tafeln vom Berg herabstieg, sah er das goldene Kalb. Er wurde zornig, zerstörte das Kalb und bestrafte die, die sich so von Gott abgewendet hatten.

Danach wanderten die Israeliten weiter durch die Wüste. Es war noch eine lange, schwierige Wanderschaft von Ägypten in das Land, das Gott den Israeliten versprochen hatte. Doch nach vierzig Jahren kamen sie an. Sie fanden ein schönes, fruchtbares Land. Man sagte, es wäre ein Land, in dem „Milch und Honig fließen". Später nannte man es Israel.

aus 2. Mose / Exodus 1–20 und 32–33

David

Eines Tages sprach Gott zu dem Propheten Samuel:
„Geh' zu Isai nach Bethlehem. Unter seinen Söhnen
habe ich mir den neuen König ausersehen. Salbe ihn."
Samuel ging nach Bethlehem zum Haus Isais. Er sagte:
„Isai, mit einem deiner Söhne hat Gott etwas ganz
Besonderes vor. Er soll König werden!" Schnell rief Isai
alle seine Söhne zusammen. Doch keiner der sieben
war der Richtige. Keinen von ihnen hatte Gott zum
König bestimmt. Endlich fiel Isai auf, dass sein jüngster
Sohn, David, nicht dabei war. Er hütete die Schafe
auf den Weiden. Schnell ließ er auch David rufen. Als
Samuel ihn sah, erkannte er: „Dieser Junge soll König
werden." Und Samuel salbte David zum König.

Einige Zeit später kamen Feinde ins Land. Es waren
besonders große Krieger, richtige Riesen. Die älteren
Brüder Davids zogen gegen sie in den Kampf. David
brachte ihnen Essen. Er merkte: Alle haben Angst
vor den großen Kerlen. Da sagte David: „Ich habe
keine Angst, denn ich habe die Schafe meines
Vaters gehütet und sie schon vor Löwen und Bären
beschützt. Lasst mich kämpfen!"

Mutig ging David in den Kampf. Sein Gegner war der Riese Goliat. Goliat verspottete die Israeliten, die Angst vor ihm hatten. Als er den kleinen David kommen sah, lachte er ihn aus. Er schrie: „Los komm, ich spieße dich auf und gebe dich den Tieren zum Fressen." Doch David ließ sich nicht erschrecken. Er antwortete: „Du kommst mit deinen Waffen und deiner starken Rüstung. Aber ich komme mit Gottes Hilfe!"
Er nahm seine Schleuder und einen Stein aus seiner Hirtentasche und schleuderte ihn blitzschnell gegen die Stirn des Riesen.

Da fiel der Riese um und war tot.
David, seine Brüder und die ganzen Kämpfer jubelten vor Freude.
Sie riefen: „Der Riese Goliat ist tot! Alle Feinde fliehen. Wir haben gewonnen. Wir sind Sieger!"

Noch jahrelang dachten die Menschen daran, wie David die Riesen in die Flucht geschlagen hatte. Er war ein berühmter Mann in seinem Land.
Und als der alte König starb, wurde David König und wohnte im Königspalast.

1. Samuel 16–17

Der Herr ist mein Hirte

David konnte sehr gut auf der Harfe spielen.
Er dichtete viele Lieder über Gott.
Eines davon lautet:

Der Herr ist mein Hirte,
mir wird nichts mangeln.
Er weidet mich auf einer grünen Aue
und führet mich zum frischen Wasser.
Er erquicket meine Seele.
Er führet mich auf rechter Straße
um seines Namens willen.
Und ob ich schon wanderte im finstern Tal,
fürchte ich kein Unglück;
denn du bist bei mir,
dein Stecken und Stab trösten mich.
Du bereitest vor mir einen Tisch
im Angesicht meiner Feinde.
Du salbest mein Haupt mit Öl
und schenkest mir voll ein.
Gutes und Barmherzigkeit werden mir folgen
mein Leben lang,
und ich werde bleiben im Hause des Herrn immerdar.

Psalm 23

Jona

Gott sagte zu Jona: „Geh' in die Stadt Ninive und verkünde den Menschen dort: ‚Ihr Bewohner von Ninive seid böse. Ihr lebt in Streit und Feindschaft miteinander. Kehrt um! Sonst wird Ninive zerstört werden und ihr werdet alle sterben!'"

Jona wollte diese Botschaft aber nicht überbringen. Er hatte Angst. Deshalb beschloss er, vor Gott zu fliehen. Er ging auf ein Schiff. Das Schiff fuhr weit weg von Ninive, nach Tarsis. „Dort kann mich Gott nicht finden", dachte Jona.

Doch als das Schiff mitten auf dem Meer war, sandte Gott einen schweren Sturm. Er war so stark, dass die Matrosen an Bord meinten, das Schiff würde zerbrechen. Die Matrosen hatten Angst, doch Jona lag seelenruhig im Schiffsbauch und schlief. Da weckten sie Jona und sagten: „Wie kannst du schlafen? Bete, dass Gott uns verschont!"

Jona antwortete: „Ich kann nicht beten. Meinetwegen hat Gott ja den Sturm geschickt, weil ich vor ihm geflohen bin und nicht das tue, was er von mir möchte."

Die Matrosen riefen ratlos: „Was können wir nur tun, um unser Boot und unser Leben zu retten?" „Werft mich in das Meer, dann wird der Sturm verstummen", gab Jona zur Antwort.

Nach einigem Zögern warfen die Matrosen tatsächlich Jona in das Meer. Und sofort legte sich das Wüten des Sturmes. Das Meer wurde ganz ruhig.

Gott aber sandte einen großen Fisch. Dieser Fisch verschlang Jona. Im Bauch des Fisches blieb Jona drei Tage und drei Nächte. Er betete zu Gott. Er bat ihn um Hilfe. Er versprach, nach Ninive zu gehen.

Und Gott erhörte Jona. Der Fisch brachte Jona zum Strand von Ninive und spuckte ihn wieder aus.

Nun redete Gott noch einmal mit Jona: „Geh' nach Ninive und predige den Menschen, dass sie sich ändern sollen, so wie ich es dir gesagt habe."
Jona machte sich nun, ohne zu zögern, auf den Weg und rief den Menschen auf den Straßen von Ninive Gottes Botschaft zu. Die Leute erschraken über die Worte von Jona und versprachen: „Wir wollen uns ändern." Sie beteten zu Gott und sie taten nichts Böses mehr. Da vergab Gott den Menschen in Ninive. Er sah, dass sie ihre bösen Taten bereuten, und schenkte ihnen einen neuen Anfang.

Jona 1–3

Neues Testament

Jesu Geburt

Zu der Zeit, als Jesus geboren wurde, herrschte über Israel der römische Kaiser Augustus. Augustus wollte wissen, wie viele Menschen in seinem großen, weiten Reich leben. Deswegen gab er folgenden Befehl heraus:

„Alle Menschen in meinem Reich müssen sich in ihrer Heimatstadt in eine Liste eintragen lassen!"
Die Menschen gehorchten dem Befehl. So machte sich auch Josef auf den Weg in seine Heimatstadt. Er wohnte in Nazareth und musste nach Bethlehem.
Mit ihm kam seine Frau Maria. Sie war schwanger und erwartete ein Kind.

Wegen dieser Zählung waren viele Menschen unterwegs. Bethlehem war voller Leute. Es war keine Unterkunft zum Übernachten frei. Maria und Josef kamen nur noch in einem Stall unter.
Dort bekam Maria ihren Sohn: Jesus. Sie wickelte ihn in Windeln und legte ihr in eine Futterkrippe.
Das war sein Bettchen.

Auf den Feldern bei Bethlehem hüteten Hirten ihre Schafherden. Da erschien ihnen ein Engel in hellem Licht und sagte: „Ihr braucht keine Angst zu haben. Ich habe eine wundervolle Nachricht für euch. Heute ist Jesus geboren. Er ist der Heiland, Gottes Sohn. Geht zu ihm, ihr werdet das Kind in einem Stall in der Krippe finden."

Dann wurde es noch heller. Viele Engel erschienen am Himmel. Sie sangen zusammen ein herrliches Loblied auf Gott.

Die Hirten machten sich so schnell sie konnten auf den Weg und kamen zum Stall. Dort fanden sie Jesus in der Krippe liegen, so wie es die Engel gesagt hatten.

Sie beteten ihn an und waren von Freude erfüllt. So kehrten sie zurück zu ihren Herden. Allen Menschen, denen sie begegneten, erzählten sie, was sie erlebt hatten: Jesus, der Sohn Gottes, ist geboren!

Aus fernen Ländern machten sich die „Weisen
aus dem Morgenland" auf den Weg. Es waren
besonders kluge und vornehme Männer. Sie hatten
einen außergewöhnlichen Stern entdeckt. Diesem
Stern folgten sie.
Sie wollten wissen, ob der Stern ein besonderes
Zeichen war oder eine bestimmte Bedeutung hatte.

Der Stern blieb genau über dem Stall stehen,
in dem das Jesuskind lag.
So kamen die Weisen zu Jesus. Sie brachten dem
Kind die wertvollsten Geschenke ihrer Zeit:
Gold, Weihrauch und Myrrhe.
Dann zogen sie in ihre Länder zurück.

Lukas 2,1–20 und Matthäus 2,1–12

Der zwölfjährige Jesus im Tempel

Jedes Jahr wanderten die Menschen aus allen Teilen Israels in ihre Hauptstadt Jerusalem. Dort feierten sie das große Passafest.
Auch die Eltern von Jesus, Maria und Josef, gingen mit ihrem Sohn aus Nazareth nach Jerusalem. Jesus war 12 Jahre alt. Er durfte die lange Wanderung und das Fest zum ersten Mal mitmachen.

In Jerusalem besuchten sie den Tempel und feierten gemeinsam das Passafest. Als alles vorbei war, machten sich die Besucher wieder auf den Heimweg.

Auch Maria und Josef gingen nach Hause. Jesus war nicht bei ihnen. Maria und Josef dachten, dass er mit Freunden den Weg nach Nazareth ginge.

Als sie am ersten Tag der Heimreise abends Rast machten, suchten Maria und Josef Jesus. Doch sie fanden ihn nicht. Niemand hatte ihn gesehen. Schließlich eilten sie, so schnell sie konnten, zurück nach Jerusalem, um Jesus dort zu suchen.

Und tatsächlich, da war Jesus. Er war im Tempel! Er sprach mit den weisen Lehrern über Gott. Jesus stellte erstaunliche Fragen und gab den Lehrern kluge Antworten. Die Gelehrten konnten gar nicht glauben, dass ein Junge so klug über Gott sprechen konnte!

Doch Maria und Josef waren außer sich. Sie fragten Jesus: „Warum hast du uns das angetan? Wir haben dich schon ganz verzweifelt gesucht!"

Jesus antwortete ihnen: „Warum habt ihr mich gesucht? Dies ist das Haus meines Vaters. Wisst ihr denn nicht, dass ich hier sein muss?"
Maria und Josef verstanden diese Antwort nicht und überlegten, was Jesus damit wohl sagen wollte.

Gemeinsam kehrten sie nach Nazareth zurück.

Lukas 2,41–52

Jesu Taufe

In der Wüste, in der Nähe des großen Flusses Jordan, lebte Johannes. Johannes war ein beeindruckender Prediger und eine Furcht einflößende Gestalt. Er trug einen Mantel aus Kamelhaar und er aß Heuschrecken und wilden Honig.

Johannes predigte die Buße. Er rief die Menschen auf, ihr Leben zu ändern. Sie sollten keine bösen Dinge mehr tun. Wenn sie ihr Leben ändern wollten, taufte er sie im Jordan. Sie wurden ganz im Wasser untergetaucht.
„Verändert euer Leben! Gebt an die Armen ab! Hört auf zu streiten!", und viele andere Dinge sagte er zu denen, die sich taufen ließen.

Viele Menschen kamen zu Johannes in die Wüste. Auch Jesus kam zu Johannes. Er wollte auch getauft werden. Doch Johannes wehrte ab: „Du, Jesus, musst mich taufen und nicht ich dich! Du bist doch der Herr!"
Doch Jesus sagte: „Taufe mich, denn so soll es geschehen."
So taufte Johannes Jesus im Jordan. Da kam Gottes Geist vom Himmel auf Jesus. Er sah aus wie eine Taube. Eine Stimme sprach: „Das ist mein lieber Sohn. Ihn habe ich erwählt. Über ihn freue ich mich."

Matthäus 3,1–17

Jesus und seine Jünger

Jesus wanderte durch Israel. Er erzählte den Menschen von Gott. Er heilte Kranke und tat viele Wunder. Dabei war er nicht allein. Zwölf Jünger begleiteten ihn.
So kamen diese Männer zu Jesus:

Auf seiner Wanderschaft kam Jesus zum See Genezareth. Dort warfen zwei Brüder, Simon Petrus und Andreas, gerade ihre Netze aus, denn sie waren Fischer.
Jesus rief ihnen zu: „Folgt mir nach! Ihr sollt von nun an Menschen für Gott begeistern, ihr sollt Menschenfischer werden!"
Die beiden Brüder folgten Jesus. Sie gingen mit ihm.

An einer anderen Stelle des Sees trafen sie Jakobus und Johannes. Die beiden waren ebenfalls Fischer. Sie halfen ihrem Vater gerade, die Netze zu flicken. Auch zu ihnen sagte Jesus: „Folgt mir nach. Ihr sollt von nun an Menschen für Gott begeistern, ihr sollt Menschenfischer werden!"
Auch diese beiden Brüder folgten Jesus.

Dann trafen sie Matthäus, einen Zöllner. Er nahm Geld von Menschen ein, die in der Stadt auf dem Markt ihre Ware verkaufen wollten.
Auch ihn redete Jesus an: „Folge mir nach. Du sollst Menschen für Gott begeistern."
Und Matthäus folgte ihm.

So rief Jesus einen nach dem anderen in den Kreis seiner Jünger, bis es zwölf waren. Die Jünger begleiteten Jesus. Ihnen erklärte Jesus oft, was er predigte. Er erzählte ihnen mehr als den anderen Menschen. Und er vertraute ihnen besondere Aufgaben an.
Es war etwas ganz Besonderes, ein Jünger von Jesus zu sein.

Matthäus 4,18–22 und 9,9

Jesus und die Kinder

Jesus war in Israel bald ein bekannter Mann.
Die Menschen erzählten sich gegenseitig von ihm.
Immer wenn er in eine Ortschaft kam, umringten
ihn gleich viele Menschen.

Oft wurden Kinder zu ihm gebracht. Jesus sollte
sie segnen. Die Menschen wussten: Den Kindern
begegnet Jesus mit besonderer Liebe.

Einmal wollten die Jünger die Kinder von Jesus
fernhalten, weil sich so eine große Menge um ihn
gebildet hatte. Jesus merkte das. Da lud er die
Kinder zu sich in die Mitte.
Er sagte: „Haltet die Kinder nicht zurück. Kinder
stören nicht. Kinder gehören zu Gott!"

Dann legte er die Hände auf die Kinder und
segnete sie.

Matthäus 19,13–15

Jesus und der Gelähmte

Jesus besuchte ein Dorf. Er ging in ein Haus. Als bekannt wurde, wo Jesus war, versammelten sich viele Menschen in und um das Haus.
Da brachten vier Freunde einen Kranken. Sie trugen ihn auf einer Matte. Er war gelähmt. Wegen der vielen Menschen konnten die Freunde den Gelähmten aber nicht zu Jesus bringen. Keiner ließ sie durch.

Da hatten die Männer eine Idee: Sie stiegen auf das Dach. Dort machten sie ein Loch hinein und ließen den Gelähmten an Seilen herunter, genau da, wo Jesus war.
Jesus erkannte das große Vertrauen der Freunde. Sie glaubten so fest, dass Jesus helfen könne, dass sie sogar in das Dach ein Loch machten, um den kranken Freund zu ihm zu bringen.
Jesus sagte zu dem Gelähmten: „Alles, was dich belastet, ist dir vergeben. Gott liebt dich."

Ein paar Männer standen in der Nähe von Jesus und dachten: „Wie kann Jesus so für Gott sprechen?"

Jesus merkte, was in ihnen vorging. Er sagte: „Gott hat mir die Macht gegeben, in seinem Namen zu sprechen und Menschen zu heilen. Ich will euch das beweisen."

Jesus ging zu dem Gelähmten und sagte zu ihm: „Steh auf! Nimm deine Matte und geh." Und der Mann stand auf, nahm seine Matte und ging.
Er freute sich und dankte Gott.
Die Umstehenden waren erstaunt. Sie riefen und schrien durcheinander: „So etwas haben wir noch nie gesehen! Lobt Gott, halleluja!"

Lukas 5,17–26

Jesus tut Wunder – Die Sturmstillung

Jesus predigte den ganzen Tag vor vielen Leuten und erzählte von Gott. Am Abend stieg er mit seinen Jüngern in ein Boot. Sie wollten über den See fahren.

Als das Boot auf den See hinausfuhr, wurde Jesus müde. Er legte sich hin und schlief.

Plötzlich kam ein Windwirbel auf. Er warf das Boot in den hohen Wellen hin und her, wie eine Nussschale.
Die Jünger hatten Angst um ihr Leben.

Jesus aber schlief ruhig. Schnell weckten die Jünger ihn. Aufgebracht riefen sie: „Hilfe, Jesus, das Boot kentert! Wir gehen unter!"

Da schaute Jesus die Jünger verwundert an. Er befahl dem stürmischen See: „Sei still!" – Und sofort legten sich die Wogen. Es war ganz still.

„Warum seid ihr ohne Vertrauen, wenn ich bei euch bin?", fragte Jesus.

Die Jünger waren erschrocken und voller Verwunderung. Sie antworteten nicht. Aber untereinander sprachen sie: „Wie mächtig ist Jesus! Ihm gehorchen sogar Wind und Wasser!"

Lukas 8,22–25

Der verlorene Sohn

Jesus erzählte den Menschen besondere Geschichten: Gleichnisse. Mit ihnen wollte er den Zuhörern etwas über Gott sagen.
Einmal erzählte er:

Ein Vater hatte zwei Söhne. Sie lebten gemeinsam auf einem kleinen Bauernhof. Die Söhne halfen dem Vater bei der Arbeit.

Der jüngere Sohn sagte eines Tages zum Vater: „Gib mir doch jetzt schon das Geld, das mir nach deinem Tod gehören wird, meinen Erbteil. Ich will fortgehen und woanders leben."

Der Vater gab ihm das Geld. Da nahm der Sohn seine Sachen und ging fort. Er kam in die großen Städte und gab viel Geld aus für ein lustiges Leben. Das ging so lange, bis das Geld aufgebraucht war.

Doch ohne Geld ging es dem jungen Mann schlecht.
Er musste sich Arbeit suchen. So hütete er die Schweine eines Bauern, um sich ein bisschen Geld zu verdienen. Aber er war so hungrig, dass er am liebsten das Schweinefutter essen wollte. Aber das durfte er nicht.

In der Not kam ihm der Gedanke: „Bei meinem Vater haben die Arbeiter genug zu essen. Ich aber habe Hunger auf das Schweinefutter. Nein, so kann es nicht weitergehen!
Ich will wieder nach Hause zu meinem Vater zurückkehren und zu ihm sagen: ‚Ich verstehe es, wenn du mich nicht mehr als deinen Sohn betrachtest. Ich habe mich dir gegenüber nicht wie ein Sohn verhalten. Aber ich bitte dich, nimm mich als deinen Arbeiter auf.'"

So machte sich der Sohn auf zu seinem Vater. Schon von Weitem sah der Vater seinen Sohn. Der Vater lief dem Sohn entgegen und nahm ihn in die Arme.

Da sagte der jüngere Sohn: „Ich habe mich nicht wie ein Sohn dir gegenüber verhalten, aber ich bitte dich, nimm mich als deinen Arbeiter auf."
Doch der Vater antwortete: „Dass du wieder da bist, ist für mich eine riesige Freude. So lange warst du weg, ich freue mich so, dass du wieder bei mir bist! Komm, wir feiern ein Fest. Ein Fest für dich, meinen Sohn, denn das bist und bleibst du!"

Und sie begannen zu feiern. Der ältere Sohn war noch auf dem Feld. Er hörte die Musik und das fröhliche Lachen aus dem Haus.
„Was ist denn hier los?", fragte er. „Dein Bruder ist wieder da", erklärte ihm ein Knecht. Da wurde der ältere Sohn zornig. Wütend schrie er: „Alles Geld hat dieser Nichtsnutz verjubelt, wieso wird seine Wiederkehr nun noch gefeiert?"

Der Vater antwortete ihm: „Dein Bruder war für mich ein verlorener Sohn, jetzt ist er wiedergefunden. Das ist doch Grund zur Freude und zum Feiern! Komm, freu dich und feiere mit!"

Lukas 15,11–32

Zachäus

Jesus kam in die Stadt Jericho. Sofort kamen viele Menschen zusammen. Alle wollten ihn sehen und hören.

Auch der Zöllner Zachäus wollte Jesus gerne sehen. Er arbeitete im Stadttor. Er nahm von den Menschen Geld für die Waren, die sie mit in die Stadt brachten. Zachäus nahm mehr Geld, als es erlaubt war. Deswegen mochten die Menschen den kleinen Mann nicht.

Jesus wurde von vielen Leuten umringt.
Zachäus hatte keine Möglichkeit, irgendetwas mitzubekommen. Keiner ließ ihn durch. Und er war zu klein, um etwas zu sehen.
Da kletterte Zachäus auf einen Baum. Von dort hörte und sah er Jesus gut.

Jesus bemerkte Zachäus. Er rief ihm zu: „Zachäus, los, komm herunter! Ich will dich in deinem Haus besuchen!"

Schnell kletterte Zachäus vom Baum herab. Er ging voller Freude mit Jesus in sein Haus.
Die Leute, die dabeistanden, aber sagten: „Wie kann das angehen? Wieso geht Jesus mit zu Zachäus, der uns allen zu viel Geld abnimmt und uns betrügt?"

Im Haus aber sagte Zachäus zu Jesus: „Ich werde mich bei den Leuten, die ich betrogen habe, entschuldigen. Sie bekommen das Geld zurück. Ich werde ihnen sogar noch mehr geben. Und die Hälfte meines Vermögens will ich an Menschen verteilen, die arm sind. Ich will ein anderer Mensch werden."

Jesus antwortete ihm: „Gott liebt dich. Du hast das gemerkt. Er wird dich auf deinem neuen Weg begleiten. So wie dir schenkt Gott jedem Menschen die Möglichkeit, neu anzufangen. Darauf darf jeder vertrauen."

Lukas 19,1–10

Jesus zieht in Jerusalem ein

Jesus machte sich mit seinen Jüngern auf den Weg nach Jerusalem. Bevor sie in die Stadt gingen, holten die Jünger für Jesus einen Esel. Auf ihm ritt er in die Stadt hinein.

Die Menschen sahen Jesus in die Stadt einreiten. Sie breiteten Kleider vor ihm aus und rissen Zweige von den Bäumen. Sie winkten damit und streuten sie auf den Weg.

Sie riefen: „Jesus, wir grüßen dich. Du bist unser König! Du bist Gottes Sohn. Gott segne dich!"

Matthäus 21,1–9

Jesus und seine Jünger essen das letzte Abendmahl

Am Abend begann ein großes Fest in Jerusalem, das Passafest.
Jesus wollte es mit seinen Jüngern feiern.
Die Jünger bereiteten alles dafür vor.

Jesus setzte sich mit seinen Jüngern an den Tisch. Sie teilten Brot und Wein miteinander. Das war bei dem Fest üblich.

Vor dem Essen nahm Jesus das Brot, dankte Gott dafür und sagte: „Esst von diesem Brot, das ist das Brot des Lebens." Dann nahm er den Kelch und sagte: „Trinkt von diesem Wein, das ist der Kelch des Heils."

Und er sagte noch: „Wann immer ihr Brot und Wein in meinem Namen teilt und gemeinsam esst, bin ich bei euch mit meiner Liebe."

Lukas 22,7–20

Jesus wird gefangen genommen und verurteilt

Nach dem Abendmahl ging Jesus mit den Jüngern zum Garten Gethsemane. Dort blieb er allein zurück und betete.

Er wusste, dass er gefangen genommen werden würde. Und er wusste auch, dass er bald sterben musste. Jesus war traurig. Er betete zu Gott: „Gott, gibt es nicht einen anderen Weg für mich?"

Doch da kamen schon Soldaten. Ein Jünger, Judas, war bei den Soldaten. Er hatte Jesus verraten. Er wollte, dass Jesus gefangen genommen werden sollte. Er gab Jesus zur Begrüßung einen Kuss. So erkannten die Soldaten Jesus.
„Nehmt ihn fest", sagte Judas zu den Soldaten. Das taten die Soldaten sogleich und führten Jesus weg.

Die Soldaten brachten Jesus vor den Hohen Rat.
Der Hohe Rat bestand aus den ältesten und
weisesten Männern Israels. Sie verurteilten Jesus
zum Tode, weil er behauptete, Gottes Sohn zu sein.
Doch sie durften ihn nicht töten. Das war gegen ihr
Gesetz. Deswegen brachten sie Jesus zu Pontius
Pilatus. Das war der Vertreter des Römischen
Reiches in Israel. Die Römer hatten Israel besetzt.
Nur Pilatus hatte die Macht, ein Todesurteil
ausführen zu lassen.
Viele Menschen waren im Hof des Pilatus. Sie
wollten, dass Jesus stirbt. „Kreuzige ihn!", riefen die
Leute.
Schließlich verurteilte Pilatus Jesus zum Tode am
Kreuz.

Lukas 22,39–23,25

Jesu Tod und Auferstehung

Die Soldaten brachten Jesus zu einem Hügel vor der Stadt. Sie stellten dort ein Kreuz auf und nagelten Jesus daran fest. Dann hielten sie Wache.

Einige Neugierige kamen vorbei. Sie wollten sehen, wie Jesus am Kreuz hing. Sie machten sich über ihn lustig und riefen: „Los, wenn du Gottes Sohn bist, dann steig' doch vom Kreuz herab!"
Auch die Soldaten lachten über Jesus.

Keiner der Jünger war bei Jesus geblieben. Nur einige Frauen schauten aus der Ferne zu. Sie waren mit Jesus und den Jüngern durch Israel gezogen.

Am Nachmittag verdunkelte sich plötzlich der Himmel. Die Sonne verlor ihren Schein. Es wurde ganz finster und die Erde bebte.
Jesus rief am Kreuz: „Gott, mein Vater, in deine Hände befehle ich meinen Geist."
Dann starb er.

Am Abend nahmen Freunde Jesus vom Kreuz ab. Die Frauen begleiteten sie dabei.
Sie brachten den toten Jesus in eine Höhle. In solchen Höhlen wurden die Verstorbenen in Israel beerdigt. Vor die Höhle rollten die Männer einen großen Stein. Damit wurde das Grab verschlossen.
Jesus war beerdigt. Die Freunde und die Frauen waren sehr traurig. Sie gingen weinend nach Hause.

Am Morgen gingen die Frauen voller Trauer wieder zum Grab. Sie fanden das Grab offen. Der Stein war weggewälzt! Erschrocken und verwirrt schauten sie sich um. Sie gingen hinein, doch sie fanden Jesus nicht im Grab.

Da erschienen ihnen zwei Engel. Ihre Gestalt war wie ein Blitz und ihre Gewänder waren strahlend hell. Sie sagten zu den Frauen: „Ihr sucht Jesus. Aber er ist nicht hier. Er ist auferstanden, er lebt! Erzählt das seinen Jüngern."
Schnell kehrten die Frauen um, liefen zu den Jüngern und berichteten ihnen alles.

Lukas 23,32–24,10

Jesus erscheint zwei Jüngern in Emmaus

Zwei der Jünger Jesu gingen von Jerusalem zu einem Dorf mit Namen Emmaus. Den ganzen Weg über sprachen sie von Jesus und seinem Tod.

Da begegneten die beiden Jünger einem Mann. Es war Jesus. Doch die Jünger erkannten ihn nicht.
Jesus fragte sie: „Worüber sprecht ihr?"
Die Jünger erzählten dem Fremden von Jesus und seinem Tod.
Jesus sagte zu ihnen: „Warum seid ihr so betrübt? Hat Gott es nicht so vorausgesagt?"

Am Abend kamen sie in Emmaus an. Die Jünger baten den fremden Wanderer, bei ihnen zu bleiben.
Sie aßen gemeinsam zu Abend. Da nahm Jesus das Brot: Er dankte Gott, teilte es und gab es ihnen. Nun erkannten die beiden Jünger, dass es Jesus war!
Doch sogleich verschwand Jesus und war nicht mehr bei ihnen.

Die beiden Jünger sagten zueinander: „Es war Jesus! Wir haben ihn zuerst nicht erkannt, aber unser Herz brannte, als er mit uns gesprochen hat."

Und sie kehrten nach Jerusalem zurück und erzählten alles den anderen Jüngern. In diesem Moment erschien Jesus auch den dort versammelten Jüngern.
Er blieb bei ihnen, aß etwas und erklärte ihnen die biblischen Schriften.

Lukas 24,13–49

Jesu Himmelfahrt und das Pfingstfest

Vierzig Tage lang blieb Jesus bei seinen Jüngern.

Dann gingen sie gemeinsam auf den Ölberg. Plötzlich nahm eine Wolke Jesus vor ihren Augen auf. Zwei Engel erschienen. Sie sagten den Jüngern: „Habt keine Angst. Jesus ist jetzt bei Gott im Himmel. Er wird einmal wiederkommen."
Die Jünger kehrten nach Jerusalem zurück.

Zur Feier des großen Pfingstfestes kamen viele Menschen nach Jerusalem. Die Stadt war voller fremder Menschen.

Die Jünger feierten das Fest gemeinsam. Plötzlich kam ein großes Brausen vom Himmel. Der Heilige Geist erfüllte die Jünger Jesu. Sie lobten Gott voller Freude. Sie sangen und tanzten mit ausgelassener Fröhlichkeit.

Petrus ging auf die Straße und redete zu den Menschen dort: „Wundert euch nicht, dass ihr uns so fröhlich und voller Hoffnung seht. Jesus war tot, er ist aber auferstanden und zum Himmel aufgefahren! Nun hat er uns seinen Heiligen Geist geschickt. Der erfüllt uns mit Mut und gibt uns ein fröhliches Herz.
Kommt, glaubt auch an Jesus und lasst euch taufen!"

Viele Menschen folgten den Worten des Petrus. Sie schlossen sich den Jüngern an. Sie glaubten an Jesus und ließen sich taufen. Jeden Tag kamen neue Menschen hinzu. Das war die erste Gemeinde.
Alle lebten in guter Gemeinschaft miteinander. Sie hielten in den Häusern Gottesdienst und beteten gemeinsam. So hatte es Jesus ihnen aufgetragen.

Lukas 24,50–53 und Apostelgeschichte 1–2

Paulus

Immer mehr Menschen schlossen sich der
Gemeinde in Jerusalem an.

Aber nicht alle freuten sich darüber. Saulus gefiel
das nicht, denn er glaubte nicht an Jesus.
Er wollte verhindern, dass die Jünger den
Menschen von Jesus erzählten. Er drohte ihnen.
Er wollte sie ins Gefängnis bringen.

Eines Tages war Saulus nach Damaskus unterwegs.
Da begegnete ihm plötzlich ein strahlendes Licht
vom Himmel. Saulus fiel auf die Erde.
Jesus sprach zu ihm: „Saul, Saul, warum verfolgst
du mich und meine Gemeinde?"

Nach dieser Begegnung konnte Saulus drei Tage
lang nichts sehen. Er aß nicht und trank nicht.
Nach den drei Tagen kam ein Jünger zu Saulus.
Jesus sandte ihn. Der legte ihm die Hände auf und
heilte ihn. So konnte Saulus wieder sehen.

Da veränderte sich Saulus. Er glaubte an Jesus
und ließ sich taufen. Von nun an erzählte er den
Menschen von Jesus, dem Sohn Gottes.

Saulus unternahm große Reisen mit dem Schiff
rund um das Mittelmeer. Auf diesen Reisen nannte
er sich Paulus. Unter diesem Namen wurde er
bekannt.

Die Menschen reagierten unterschiedlich auf seine
Botschaft.
Manche glaubten Paulus und ließen sich taufen.
Andere glaubten ihm nicht. Sie wollten nichts von
Jesus wissen und begegneten Paulus feindlich.
Mehrmals auf seinen Reisen wurde Paulus ins
Gefängnis geworfen.

Doch Paulus hatte keine Angst. Er wusste, Jesus war bei ihm. Einmal, als er ins Gefängnis gebracht wurde, fing er an zu beten und laut zu singen. Da öffneten sich die Tore des Gefängnisses! Paulus kam frei.

Paulus gründete viele Gemeinden. Auf seinen Reisen schrieb er ihnen Briefe zu Fragen des Glaubens. Als Paulus starb, gab es in vielen Städten und Ländern christliche Gemeinden. Deswegen nannte man Paulus den ersten „Missionar". Er brachte die gute Botschaft von Jesus in die Welt.

So soll es jeder Christ tun. Denn Jesus sagte: „Geht in alle Welt und sagt den Menschen: Gott liebt euch. Gott will immer bei euch sein, bis an das Ende der Welt."

aus Apostelgeschichte 9, 13, 16 und Matthäus 28

Die Künstler

1 Angelina Jurisch
5 Niklas Boll
7 NN
9 Marco Koenigs
11 Ahmet Aysin
12 Sarah Uher
13 Alina Schröder
15 Laura Wagener
17 Christoph Schmidt
19 Laura-Isabelle Dräger u.a.
21 Gary Emeka Emekwa
23 Angelina Jurisch
24 Justine Turkson
25 Zina Nevermann
26 Zain Alkateeb
27 Aalijah Abrokwa
28 Lena-Sophie Lammers
29 Felix Jödicke
30 Nele Zastrow
31 Aleksandra Kovacevic
33 NN
35 Thor Riemschneider
37 Chukwudema Ismail
39 Pascal Mohr
41 Aleksandra Kovacevic
42 Valerij Budovskij
43 Laura Collier
45 Malee Wagner
47 Miriana La Paglia
49 Marcel Leshinski
51 Burcin Boran
53 Moritz Grothusen
55 NN
57 Johanna Martens
59 Michelle Lüneburg
61 Jan Lipfert
63 Timo Padrok
65 Lovis Geyer
67 Jan Sassenberg
68 Jan-Ole Klein
69 Nadia Tofangch
71 Erik Hamann
73 Mai-Khanh Van
75 Sarah Jagla
77 Mathilda Weisser
79 Kilian Täge
81 Anna-Lena Knaak
82 Calvin Janssen
84 Marina Lehrmann
85 Lukas Früchtnicht
87 Finnya Nienau
89 Jill Marie Seemann
91 Charleen Yapa
93 Dennis Zipp
94 Jacqueline Eckert
95 Pascal Wancke
97 Jennifer Kießlich
99 Fiona Schiefer
101 Christina Dargers
102 Elena Drossidis
103 Tobias Beeth
105 Marcus Reinwald
107 Svea Rosenhauer
109 Jan-Niklas Huckfeldt
110 Melisande Müller
111 Sarah Uher
113 Gizem Cinti
115 Manya Schaub
117 Roman Terin
119 Kim Nguyen
120 Celeste Bobuescu
121 Lucas Schroetter-Gnass
122 NN
123 Frederike Weygand
124 Katharina Wenzel
125 Cassandra Stark
127 Jelena Kurz
129 Jelena Kurz
130 Anna Friederitz
131 Timo Jedro
133 Milena Janika Werner
135 Meltem Okur
137 Sofie Lange
139 Myrielle Ehring
141 Felix Mönnich
142 Marie Krahl
143 Emily Westphal

Umschlagvorderseite:
Angelina Jurisch
Umschlagrückseite:
Sarah Jagla